AF321087

Mis DE NADAILLAC

LES TRÉPANATIONS

PRÉHISTORIQUES

EXTRAIT DU *CORRESPONDANT*

PARIS

JULES GERVAIS, LIBRAIRE-ÉDITEUR

29, RUE DE TOURNON, 29

1879

LES TRÉPANATIONS

PRÉHISTORIQUES

PARIS. — E. DE SOYE ET FILS, IMPR., 5, PL. DU PANTHÉON.

Mis DE NADAILLAC

LES TRÉPANATIONS

PRÉHISTORIQUES

EXTRAIT DU *CORRESPONDANT*

PARIS

JULES GERVAIS, LIBRAIRE-ÉDITEUR

29, RUE DE TOURNON, 29

1879

LES TRÉPANATIONS

PRÉHISTORIQUES

Nous avons déjà eu l'occasion de parler dans cette Revue des études préhistoriques, nous demandons la permission d'y ramener nos lecteurs et de les entretenir de découvertes nouvelles à peine sorties jusqu'à ce jour du domaine des sociétés savantes. Ils nous pardonneront certains détails assez arides par l'importance même du sujet et par les conclusions qu'il amène. Ces hommes, que nous étudions dans des temps inconnus hier encore, sont nos ancêtres. A ce point de vue, ils méritent et notre curiosité et notre intérêt.

En 1873, M. Prunières présentait aux membres de l'Association française pour l'avancement des sciences, réunis à Lyon, une rondelle osseuse un peu plus grande qu'une pièce de 5 francs, taillée dans un pariétal humain. Cette rondelle avait été trouvée dans un crâne qui provenait des dolmens de la Lozère et qui présentait une large ouverture mesurant 8 centimètres environ dans tous les sens. La rondelle était manifestement plus petite que cette ouverture; le pariétal perforé était moins épais que celui auquel on avait emprunté la rondelle; le crâne était très foncé en couleur, la rondelle d'un jaune blanc. Les deux pièces ne pouvaient donc provenir du même individu et la rondelle n'avait point été fabriquée aux dépens du crâne qui la renfermait.

L'année suivante, à la session de Lille, complétant sa première communication, le docteur montrait à ses collègues, d'une part, toute une série de rondelles plus ou moins semblables à celle qu'il leur avait présentée à Lyon, et de l'autre de nombreux crânes perforés, les uns pendant la vie même de l'individu et parfaitement cicatrisés, les autres, ayant été soumis à une trépanation posthume. Plus tard, les fouilles des grottes des Beaumes-Chaudes procurèrent à M. Prunières soixante pièces nouvelles qui venaient corroborer ses premières découvertes, et M. Broca constatait à son tour sur trois crânes de la caverne de l'Homme-Mort de larges pertes de substance qu'il était impossible d'attribuer à des causes accidentelles.

L'attention une fois éveillée, des découvertes analogues à celles du département de la Lozère furent signalées sur plusieurs points différents. Les grottes néolithiques de la Marne avaient donné à M. de Baye des crânes perforés, des rondelles crâniennes, des amulettes détachées de crânes humains. Il nous apprend lui-même qu'il possède dans sa riche collection plus de vingt exemples de trépanation. Plusieurs de ces crânes avaient été étudiés par M. Broca. Ils se présentent dans des conditions différentes. Trois d'entre eux ont subi la trépanation pendant la vie, et les sujets trépanés ont survécu, car la plaie osseuse laisse apercevoir les traces d'une réparation cicatricielle bien évidente, et les bords de l'ouverture ne portent plus les sillons imprimés par l'instrument de l'opérateur. Un des crânes offre même deux ouvertures, les perforations sont sur deux points rapprochés; la séparation cependant est bien caractérisée et exclut toute pensée d'une seule opération.

Parmi les collines qui bordent la rive droite de la Seine en amont de Paris, il existe un mamelon qui s'avance dans la plaine comme un promontoire élevé et escarpé. C'est le tertre Guérin, vaste amas de craie depuis longtemps en exploitation. Les travaux ont fait successivement découvrir huit grottes dont le plus grand nombre contenait des ossements humains malheureusement dispersés aussitôt que recueillis; seule une grotte ouverte en 1871 a pu être étudiée. Au milieu d'une foule d'ossements, de silex polis, de fragments de poterie, d'objets en bois de cerf, gisait le crâne d'un vieillard qui présentait un cas de trépanation très curieux. Malheureusement il a été brisé par les ouvriers et n'a pu être que très imparfaitement examiné. Dans le canton de Moret, le même explorateur, M. Chouquet, a découvert deux fragments de crâne présentant l'un la trépanation faite sur le vivant, l'autre, au contraire, la trépanation posthume. Remarquons en passant que dans cette sépulture qui, par l'absence de tout métal, par les silex et la poterie qu'elle renferme, date de l'époque néolithique, nous voyons déjà des traces certaines de l'incinération du cadavre, nous touchons donc à l'âge du bronze où cette dernière coutume, qui va bientôt devenir générale, a pris naissance.

M. Gassies, au contraire, prétendrait faire remonter aux temps paléolithiques [1] l'abri d'Entre-Roches près d'Angoulême, où il a trouvé un pariétal humain avec une perte de substance évidemment artificielle

---

[1] Disons pour ceux de nos lecteurs qui ne le sauraient pas que l'époque paléolithique est celle où l'homme vivait dans nos climats avec le mammouth, le rhinocéros à narines cloisonnées, l'hippopotame, le grand ours des cavernes, le grand lion, la grande hyène, le renne. A l'époque néolithique, tous ces animaux ont disparu soit par extinction, soit par émigration, et à leur place nous voyons nos premiers animaux domestiques.

et posthume. Mais des fouilles plus complètes ne peuvent, au dire des archéologues les plus compétents, laisser de doute sur l'époque de cette station, et une hache en pierre polie, des fragments de poterie à boutons latéraux, ne permettent de la dater que des temps néolithiques.

Mentionnons, sans nous y arrêter, un cas de trépanation signalé par M. de Mortillet dans un dolmen à Bougon (Nièvre) ; une rondelle osseuse d'une grandeur à peu près égale à celle de la rondelle apportée à Lyon, extraite d'un des temporaux d'un crâne humain découvert dans l'avenue du château de Meudon, et un crâne trépané déposé au musée de Niort. Nous pouvons encore citer les crânes présentés à la dernière réunion des sociétés savantes à la Sorbonne et qui provenaient du plateau d'Avigny près de Mousseaux-lès-Bray (Seine-et-Marne). Les squelettes étaient accompagnés de haches polies, de grattoirs, de pointes de flèches, de fragments de poterie rouge portant des traces de fumée, de débris de charbon et d'un os de bœuf percé de trous réguliers qu'on a pu croire une flûte. Sur quelques crânes ainsi découverts, trois avaient été perforés, deux après la mort de l'individu, le troisième, au contraire, durant la vie, car les bords présentent un travail très marqué de réparation.

Toutes ces découvertes, vivement discutées dans nos sociétés savantes, avaient eu un grand retentissement parmi ceux qui s'intéressent aux études préhistoriques, et cela non seulement en France, mais dans le monde entier. M. Nicolucci annonçait avoir trouvé en Italie l'os occipital d'un adulte poli sur sa surface externe et offrant un autre poli vers la suture lambdoïdale gauche. Il croit pouvoir rattacher ce fragment aux rondelles osseuses trouvées en France.

Le docteur Wankel découvrait dans la grotte de Bytchiskala (Bohême) le crâne d'une jeune fille de 10 à 12 ans, qui avait subi la trépanation. La plaie située sur le côté droit du frontal était seulement à demi cicatrisée. Le docteur date cette sépulture du deuxième siècle avant notre ère à raison des bracelets de bronze, des grosses perles en verre vert et de tout le mobilier funéraire qui se rencontrait dans cette sépulture.

Un crâne ayant subi de grandes pertes de substance a également été recueilli sous le dolmen de Borreby (Danemark), et M. Engelhardt écrivait naguère à M. de Baye, que sous un autre dolmen renfermant des antiquités de l'âge de pierre situé à Nœs (île de Falster), il avait été trouvé un crâne portant une ouverture oblongue de 53 millimètres sur 11. M. Engelhardt y voit une blessure à laquelle l'homme aurait succombé. Mais M. de Baye répond avec raison que les contours sont trop réguliers pour qu'on puisse les attribuer à une cause traumatique. « Il faut, nous citons ses propres paroles, une main puissante, une une arme sûre et un sujet s'y prêtant avec une grande bonne volonté,

pour produire une semblable perte de substance avec une semblable
netteté. »

Ce n'est pas seulement d'Europe que des exemples analogues nous
parviennent. Il existe sur le pariétal d'un des crânes trouvés à la
Roknia, et dont les moules ont été envoyés par le général Faidherbe
au laboratoire du docteur Broca, une perte de substance cicatrisée dont
la forme et les dimensions sont exactement les mêmes que celles des
trépanations de la Marne ou de la Lozère, et M. Squier a trouvé, dans
un ancien tombeau du Pérou, une perforation de forme carrée certainement chirurgicale et pratiquée quelques jours seulement avant la mort[1].

Si nous résumons ces diverses découvertes, nous trouvons :

1° Des crânes, dont les parois présentent des pertes de substance
artificielles tantôt de 3 à 4 centimètres de diamètre, tantôt plus grandes,
à bords largement festonnés, et résultant de plusieurs excisions différentes.

2° Dans l'intérieur des crânes ainsi perforés on peut voir un fragment
crânien provenant d'un autre crâne. La différence d'épaisseur, de
couleur, du degré de densité, ne permettent aucun doute à cet égard.

3° D'autres fragments de crâne également travaillés sur leurs bords
se présentent sous la forme de rondelles avec des encoches, des trous
de suspension. Ces fragments étaient pris sur tous les points du crâne,
sauf sur ceux qui avoisinent la face.

Une première conclusion se pose naturellement. Ces perforations
toujours semblables que nous constatons dans des pays, dans des
régions, séparés par des distances considérables, ne sauraient être ni
accidentelles ni fortuites. Il est impossible de songer au hasard,
lorsque l'on voit une lésion de même forme et de même dimension se
répéter sur des crânes de provenances si diverses.

Nous voyons aussi tous les exemples de cette coutume connus jusqu'à ce jour remonter à la même époque, à celle à laquelle nous avons
donné le nom de néolithique, et qui est caractérisée par les instru-
ments en pierre polie, les monuments mégalithiques et la domestica-
tion des animaux. La trépanation a sûrement persisté durant toute
cette période; nous la voyons pratiquée par les Troglodytes de la
caverne de l'Homme-Mort, que l'on date généralement de son début,
nous la voyons encore à Moret, au moment où elle va finir, et si ces
perforations paraissent inconnues durant les temps paléolithiques, en
Bohême tout au moins, nous savons, par les découvertes du docteur
Wankel, qu'elles se sont prolongées pendant l'âge de bronze.

[1] Nous pourrions aussi parler de la perforation posthume pratiquée par
les aborigènes du Michigan sur le sommet du crâne pour permettre à l'âme
de revisiter le corps qu'elle a quitté; mais cette perforation diffère sur trop
de points de la perforation préhistorique pour qu'elle puisse servir d'exemple.

D'autres conclusions sont moins faciles. Nous avons vu qu'il existait deux sortes de trépanations, les unes faites durant la vie, les autres après la mort, probablement au moment des funérailles marquées par l'étrange coutume de l'introduction dans le crâne d'une rondelle osseuse pour remplacer le fragment enlevé. Les premières sont méthodiques et régulières, et il est fort possible, comme le suppose le docteur Prunières, qu'elles aient été parfois pratiquées dans un but thérapeutique pour certaines affections, certains troubles nerveux, tels que l'épilepsie, l'idiotie, les convulsions, l'aliénation mentale, dont on place le siège au cerveau et dont on attribuait l'origine, même dans des temps bien plus rapprochés de nous, soit à des esprits malfaisants, soit à une cause mystique. On devait également la pratiquer pour des maladies des os ou pour certaines blessures reçues à la tête, et le crâne trouvé sous le dolmen de Bougon, un de ceux de la grotte de Sordes, un autre provenant de la caverne de l'Homme-Mort, pourraient bien en être des exemples. Nous savons que ces hommes, tout barbares qu'il est permis de les supposer, avaient quelques notions chirurgicales, des notions de rebouteurs, si l'on veut : la consolidation de fractures souvent des plus graves, observée sur des ossements remontant incontestablement à l'époque quaternaire, en est une preuve sans réplique. Ajoutons que ces perforations du crâne se pratiquent encore de nos jours chez certains sauvages, ceux de la mer du Sud, par exemple, chez qui il est toujours utile de chercher des points de comparaison pour comprendre ce qui devait se passer dans nos propres régions à des époques encore sans date pour nous. Le baron Larrey nous apprend aussi qu'en Algérie les Kabyles ont souvent recours à cette opération, qui ne présente pas un danger sérieux ; et Hippocrate la décrit en Grèce, d'où son nom même nous est venu. Mais le nombre si considérable des trépanations remontant aux temps préhistoriques, le nombre des crânes trépanés, où l'on ne constate aucune maladie, aucune lésion antérieures, excluent la pensée qu'elles fussent toujours thérapeutiques. Cette explication seule ne saurait donc suffire, et il faut en chercher d'autres.

M. Broca avait remarqué la similitude des rondelles crâniennes, leur fabrication toujours semblable et apparemment soumise à des règles fixes. Il avait également obervé que le nombre des femmes trépanées ne différait pas sensiblement de celui des hommes, et aussi que tous les sujets opérés, quel que fût leur sexe, étaient jeunes. Ils avaient même souvent survécu durant de longues années à l'opération, car leur blessure était cicatrisée depuis longtemps et parfois recouverte d'une lame compacte, indice incontestable d'un ancien travail de réparation. Enfin, sur un des crânes transmis par le docteur Prunières, on constatait une ouverture considérable, irrégulière, formée d'une part par une blessure ancienne, puis par deux pertes de substance posthumes. L'individu avait donc été trépané dans son enfance ou dans sa jeunesse, nul doute n'était possible à cet égard. La cicatrisation était complète et le tissu des os revenu à l'état normal, ce qui exige toujours, répétons-le, un grand nombre d'années. Puis après la mort, les amis, les parents, les assistants, avaient enlevé des rondelles du crâne, choisies le plus près possible de la blessure primitive.

Tous ces faits rapprochés furent un trait de lumière pour l'éminent professeur dont nous suivons le récit, et il conclut probablement avec raison que la trépanation aux temps néolithiques était une pratique religieuse, une cérémonie d'initiation, peut-être même le précepte d'un culte établi. L'enfant qui l'avait subie et qui avait survécu à l'opération (sans doute c'était le plus grand nombre) acquérait aux yeux de la foule une vertu particulière et après sa mort les fragments de son crâne, surtout ceux qui avoisinaient la partie lésée, devenaient des reliques recherchées, toujours portées par leurs possesseurs et souvent inhumées avec eux. Ce dernier usage paraît même s'être prolongé très longtemps, car on cite un torque gaulois où était appendue comme amulette une rondelle provenant d'un crâne humain et percée de trois perforations. Ces ornements étaient même si recherchés qu'on arrivait à les contrefaire, et l'on ne saurait expliquer autrement les rondelles exactement semblables aux rondelles humaines trouvées par le docteur Prunières aux Beaumes-Chaudes et fabriquées aux dépens de la meule d'un bois de cerf.

Après avoir ainsi pratiqué des mutilations posthumes sur les crânes, on ne voulait pas que les morts qui les avaient subies entrassent ainsi incomplets dans la vie nouvelle qui les attendait, et on empruntait à un autre crâne une rondelle qui venait remplir le vide causé par la perforation. Telle est l'explication donnée par le docteur Broca, et, tout hypothétique qu'elle est encore et qu'elle restera toujours probablement, elle est certainement la plus naturelle. Ce serait là un fait d'une importance considérable, car il faudrait y voir chez nos antiques aïeux la première manifestation de leur croyance à l'immortalité de l'âme, croyance encore empreinte d'un grossier matérialisme, mais qu'il plaît de retrouver impérissable chez les hommes comme le signe de destinées sinon meilleures, du moins différentes. Telle est également l'opinion des savants anthropologistes qui les premiers nous ont appris les trépanations préhistoriques. « Cette rondelle crânienne, dit le docteur Prunières, qu'on introduisait dans le crâne de certains morts, n'implique-t-elle pas la croyance à une autre vie. » « Il en résulte, ajoute M. Broca, qu'une nouvelle existence attendait le mort, car sans cela la cérémonie de la restitution eût été absolument inutile. »

Nous ne voulons pas omettre deux faits secondaires qui paraissent répondre à la même pensée : c'est d'une part le soin qu'apportaient les opérateurs dans les trépanations posthumes à respecter la face, puis le soin non moins grand qu'on mettait à laisser sur le crâne, en enlevant les rondelles posthumes, quelques traces du trépan. C'était là sans doute une mutilation glorieuse pour le mort, qu'il devait tenir à honneur dans la patrie inconnue où il se rendait.

Il nous reste à dire un mot sur le mode employé par l'opérateur. Il paraît certain que les trépanations posthumes étaient faites par section à l'aide d'un instrument en silex, qui agissait comme un burin ou comme une scie, de manière à détacher complétement les pièces osseuses que l'on désirait obtenir. L'opération sur le vivant était naturellement plus délicate. M. Broca établit avec une grande autorité, après un examen approfondi des pièces qui lui ont été soumises, que la trépanation n'a pu être faite par le procédé de rotation dont se servent encore nos bergers dans certaines maladies de leurs moutons ; la forme presque toujours elliptique des bords de la blessure le prouve sans réplique. Elle a pu encore moins être pratiquée par section ; elle a donc dû nécessairement l'être par raclage avec une lame en silex, après avoir dénudé l'os sur le point choisi. Cette opération ne présente d'ailleurs ni grand danger ni grande difficulté, ainsi que l'éminent professeur a pu le prouver par des expériences effectuées sur des animaux au moyen de silex taillés de l'époque quaternaire [1].

Telles sont les seules données que nous possédons actuellement sur les trépanations préhistoriques. Elles nous montrent une fois de plus que ces hommes qui habitaient la France à des époques qu'on a peine à supputer n'étaient nullement ces sauvages grossiers et barbares comme on s'est plu trop souvent à les dépeindre. Ils connaissaient l'art de guérir, ils pratiquaient des opérations délicates ; bien plus, leur intelligence s'élevait à la pensée d'une autre vie, à l'immortalité d'une partie de notre être, supérieurs en cela, pourquoi ne le dirions-nous pas, à un trop grand nombre de nos contemporains.

[1] M. Broca a notamment pratiqué la trépanation sur un jeune chien ; l'opération entière a duré huit minutes et demie, et l'animal n'a même pas eu la fièvre.

PARIS. — E. DE SOYE ET FILS, IMPR., 5, PL. DU PANTHÉON.

PARIS. — E. DE SOYE ET FILS, IMPR., 5, PL. DU PANTHÉON.